인생은 봄꽃보다
더 예쁘다

인생은 봄꽃보다
더 예쁘다

정동혁 시집

좋은땅

서문

　재수 시절, 어느 밤.
잠 못 이루고 창밖을 멍하니 바라보다가 머릿속이 두들겨 맞은 듯 아파 온 적이 있었다. 그 감정을 놓치고 싶지 않아 세상에서 가장 아름답고 압축된 단어를 찾기 위해 국어사전을 펼쳤다. 그게 나와 시의 첫 만남이었다.

　한 줄이라도 더 정갈하게 쓰려 애썼지만 풍성한 시를 담기엔 내 인생 경험이 아직 부족하다는 사실을 깨달았다. 치열한 경쟁 속에서 살아남기 위해 시를 내려놓고 삶을 붙잡은 채 수십 년을 걸어왔다. 그러다 2022년 2월, 텃밭이 있는 전원주택으로 이사하면서 매일 반려견과 산책하는 길 위에서 잊고 지냈던 감정들이 하나둘 다시 피어났다.

　봄, 여름, 가을, 겨울 사계절이 조용히 말을 걸어 왔다. 그 목소리를 놓치지 않기 위해 다시 시를 쓰기 시작했다. 나는 국문학을 전공하지 않았다. 문학의 격식보다는 가슴에서 느껴지는 대로 옮기고 싶다. 이 시집에는 자연 속에서 되찾은 감정과 '나'라는 한 사람의 계절이 담겨 있다.

인생은,
봄꽃보다 더 예쁘다.

차례

서문　　　　　　　- 5

제1부
봄 - 설렘과 회상을 따라가는 감성 여행

봄은	- 14	시절, 봄을 그리다	- 29
입춘	- 15	동심 (1)	- 30
설렘 (1)	- 16	저녁 노을	- 32
빛	- 17	여백	- 33
한민족	- 18	눈치	- 34
봄맞이	- 19	봄의 눈물	- 35
이종수분異種受粉	- 20	인생은 봄꽃보다 더 예쁘다	- 36
꽃씨	- 21	등	- 38
개구리와 하얀 나비	- 22	데칼코마니	- 39
약속	- 24	오랜 친구(오동도)	- 40
추억	- 25	오랜 친구(용궐산)	- 42
하루의 시작	- 26	시인의 마음	- 43
잡초	- 28		

제2부

여름 - 뜨거운 열정을 담은 감성 여행

여름은	- 46	잃어버린 여름	- 64
초여름	- 47	통증	- 65
소나기	- 48	파도	- 66
물놀이	- 50	나의 사막	- 68
빗속 연주회	- 51	야경	- 70
세월 (1)	- 52	8월의 장미	- 71
난 그대의 연예인	- 53	잉어의 소망	- 72
장마	- 54	해바라기	- 73
오랜 친구(송계계곡)	- 56	여행	- 74
비상	- 58	해풍	- 76
들숨과 날숨 사이	- 59	나그네	- 78
화단	- 60	착각	- 79
능소화	- 62		

제3부

가을 - 짙은 그리움을 담은 감성 여행

가을은	- 82	갈대의 삶	- 104
가을 편지	- 83	10월의 꿈	- 106
은밀한 관계	- 84	추수	- 107
처서	- 85	까치밥	- 108
보라매	- 86	황혼의 부부	- 109
산책	- 88	사색	- 110
가을이 나를 속였다	- 89	고백	- 111
가을	- 90	수호신	- 112
텃밭 일기	- 92	나목裸木	- 113
주덕역	- 94		
하얀 별	- 96		
가을에 빠지다	- 97		
소꿉친구	- 98		
재즈 바	- 100		
애원	- 102		
고독의 세월	- 103		

제4부

겨울 - 차가운 시간 속 따스함을 품은 감성 여행

겨울은	- 116	12월, 태우다	- 135
첫눈	- 118	세례를 받는 친구에게 바침	- 136
낙엽과 첫눈	- 119	忍	- 138
신선	- 120	치유	- 139
눈멍	- 121	겨울을 보내며	- 140
영하 3도	- 122	고드름	- 142
숨바꼭질	- 123	가치	- 143
방명록	- 124	도시 탈출	- 144
눈이 오면	- 125	부러움	- 146
눈 오는 밤	- 126		
교감	- 127		
인내	- 128		
부모의 마음	- 129		
동심 (2)	- 130		
그해 겨울	- 132		
Merry x-mas	- 134		

제5부

그때, 그 마음 – 삶의 단면들을 마주하는 감성 여행

선택적 비애	- 148	머쓱한 재회	- 170
하루	- 150	설렘 (2)	- 171
세월 (2)	- 151	해 지는 바닷가	- 172
칼	- 152	천국	- 173
대물림	- 153	달동네	- 174
공대생의 詩	- 154	도전	- 176
세사기일국世事棋一局	- 156	가면	- 177
나에게 넌	- 158	詩	- 178
혼술	- 159	방황	- 179
삶	- 160		
다락방	- 162		
無	- 164		
내리막길	- 166		
시선	- 167		
단짝	- 168		
참새 시리즈	- 169		

제6부

마음의 계절 - 시인의 철학과 꿈을 따라가는 감성 여행

어머니와 재봉틀	- 182	길을 찾아	- 198
어머니 일생	- 183	뉴턴의 제2법칙	- 200
친구	- 184	삶의 공식	- 201
잃어버린 밤	- 185	컬리와 당근	- 202
분단의 꿈	- 186	사랑	- 204
오늘도	- 187	애모	- 205
평행선	- 188	댕댕이 마음	- 206
더하기	- 189	낙관	- 207
항아리	- 190	시인의 꿈夢	- 208
오늘	- 191		
상처	- 192		
안개 (1)	- 193		
안개 (2)	- 194		
시인의 마음	- 195		
공호	- 196		
쉬리	- 197		

제1부

봄
설렘과 회상을 따라가는 감성 여행

봄은

봄은
첫사랑보다
더 설레나 봐요

봄은
햇살보다
더 따스한가 봐요

봄은
새들보다
더 즐거운가 봐요

봄은
아침 이슬보다
더 싱그러운가 봐요

봄은
꽃보다
더 예쁘게 피는 사랑인가 봐요

입춘

차가움이 겹겹이 쌓이면

따스해질까

눈아嫩芽*는 호흡이 가빠지고

* 눈아: 새로 나오는 싹

문학고을선집, 2025 제17호

설렘 (1)

처음 스친 꽃내음에

싱숭생숭

오늘 밤 뒤척이겠네

빛

먹구름 몰려와

소나기가 내려도

멈추지 않는 한 줄기

디카시 첫 작품(2024.06.12.)

한민족

언어가 같아 편한 게 아니고
마음이 닿아 편안한 것이다
그 옛날
아리랑 고개를 손잡고 넘어가듯이

제3회 충청북도시인대회 디카시 장려상

봄맞이

소식도 없이
온 줄 알고
맨발로 마중 나갔더니
찬바람만 횅하니 분다

봄비가 주르륵 내려
우산 없이 마중 나갔더니
밤새 얼어붙었다

차가운 안갯속으로
되돌아가는
너의 뒷모습을
멍하니 바라보다
지친 마음을 다독인다

편한 날
화사한 꽃으로
단장하고 오기를
느긋하게 기다려야겠다

이종수분 異種受粉

연분홍과 눈이 맞았구나
친구들과 색이 달라도
꿋꿋하게 그 아름다움 지켜라

꽃씨

땅속의 꽃씨
새싹을 틔워야 하건만
말없이 뿌리만
깊어지고 있구나

봄이 오면
한가득 햇볕 속에서
아름다운 자태를
온 세상에 펼쳐야 하건만

화려한 꽃밭이 아닌
호젓한 오솔길이라도
빨간 꽃은 빨간 꿈을
노란 꽃은 노란 꿈을
피워낸다면

샐녘의 이슬방울도
너의 용기를
더 빛내 줄 것이다

개구리와 하얀 나비

경칩이 지나도
여전히 땅속에서
꿈을 꾸던 개구리

농부의 바쁜 삽질에
세상 밖으로
나오지 못한 채
햇살도 모르게 스러졌다

온 힘을 다해
껍질을 찢고 나온
하얀 나비 한 마리
봄바람을 따라 춤춘다

이름 모를 새들도
정처 없이 날아다니고
들녘은
새 생명으로 숨을 쉰다

세상은 여전히
개구리를 기다리고 있다

약속

세찬 바람에도

어김없이 피어나는 봄

고향 담장 너머

노랗게 번지던 개나리처럼

추억

하늘에 새긴

바다의 마음

더 깊어지면

영영 빠질지도

하루의 시작

횃대에서 내려와
꼬끼오 꼬끼오
새벽을 깨우는
청계닭들의 아우성 속에
눈을 뜬다

다리를 비비며
야옹야옹 애교를 부리는
귀염둥이 당근이에게
밥을 주고

마당에서
어슬렁거리며 월월 대는
늠름한 쫀을 데리고
산책을 나선다

새벽 공기는
한겨울에 마시는
동치미처럼 알싸하게

하루 시작을 알리고
졸졸졸 흘러가는 농수로 소리에
논배미마다 발소리가 번진다

새벽은 아침으로 향하는데
아직도
꿈나라 중인 잠꾸러기 컬리*를
뒤로한 채 아쉬운 발걸음으로
출근길에 오른다

* 당근: 치즈냥이
* 쫀: 저먼 셰퍼드
* 컬리: 미니비숑

잡초

아직
저 먼 산의
쌓인 눈은 녹지 않았는데

앙상한 가지 위
꽃망울 하나
이슬을 머금고
봄을 깨운다

꽁꽁 언 땅속
버티고 버텨
비죽 솟은 잡초

장마가 오기 전
슬머시 사라지면 좋으련만

질긴 그 생명력에
농부의 주름은
더 깊어진다

시절, 봄을 그리다

조명을 삼킨 벚꽃 아래

심장이 뛰던 1981년 창경궁의 밤

그리움을 촉촉이 가리는 꽃잎 하나

동심 (1)

(1)
화사한 봄 햇살 아래
엄마 따라 마실 나온 병아리 떼
부리로 콕콕 찍는 마당 한편
소년은 삼태기에 쌀알 뿌려 두고
참새를 기다립니다

들마루 지나, 문틈 사이로
내다보기를 수십 번
줄 한번 당겨 보지도 못한 채
소년은 어느새 잠이 듭니다

학교 운동장 울타리
개나리 가지로 만든 고무줄 새총으로
허수아비 위 참새를 겨눕니다

소년을 기다리는 아궁이는 잠이 듭니다

(2)
꼬마들의 왁자지껄한 소리에
수풀 속으로 숨어 버린 물고기들
삼태기 들고
왼발, 오른발 바삐 움직여 보지만
해는 벌써 산 너머로 넘어갑니다

젖은 옷도 말리지 못한 채
새어 나오는
엄마의 웃음소리에 안도하며
밀린 숙제를 펴 봅니다

창가에 내려앉은
한가로운 햇살은
모른 척 눈을 감습니다

저녁 노을

바삐 움직이는 농부의 손길
논 사이를 스치는 새
뜨겁게 타오르던 한낮의 열기마저
삼켜 버린 태양의 붉은 꼬리

여백

죽변항 만선의 꿈

갈매기 한 마리

하늘 빈칸에 새기고

바다는 모른 척해 준다

눈치

왼쪽엔 분홍 꽃
오른쪽엔 빨간 꽃
누가 먼저 피나
눈치 보다가
하얀 꽃은
제일 늦게 피었다

제6회 우리글 짧은시문학상, 2025 여름호

봄의 눈물

세찬 바람에
뚝뚝 떨어지는
봄의 눈물을 보았다

겨울을 밀어내고
따뜻한 햇살과 함께
돌아왔건만

이른 더위는
흩날리는 꽃잎 따라
아무 말 없이
등을 돌린다

아직 피지 못한 꽃들
줄기를 움켜쥔 채
봄을 붙잡고 있다

봄은
조바심에 눈물을 흘린다

인생은 봄꽃보다 더 예쁘다

아무리 멋진
풍경 사진이라도
우리의 눈빛처럼
아름답게 담을 수 없다

아무리 깊은
글이라 해도
우리의 마음처럼
진실하게 쓸 수 없다

아무리 아름다운
시라도
우리의 눈물처럼
진한 감동을 줄 수 없다

아무리 뛰어난
노래라도
우리의 삶처럼
그토록 슬프지도 즐겁지도 않다

인생은

봄꽃보다 더 예쁘다

등

가녀린 몸들이
서로 기대어
더 높은 곳을 향한다
흔들려도, 부러울 게 없다

데칼코마니

하늘 아래 산
강물 속에 스며들고
구름도 함께 흘러간다
그 경계를 흐르는 나처럼

문학고을선집, 2025 제17호

오랜 친구(오동도)

촉촉이 내리는 봄비
취해 버린 어제의 술잔처럼
봄을 서서히 취하게 한다

기다리다 지친 동백꽃은
고개를 떨구었지만
살아 숨 쉬는 붉은빛은
지치지 않는 우리의 자존 같다

뱃고동 소리와 함께
밀려드는 파도는
오동도 용굴로 스며들며
우리의 눈물을
잔잔히 적셔 준다

그날의 일기장은
바닷바람에 끝없이 펼쳐지고

저녁 기차는

오랜 친구를 싣고

또다시 인생 여행을 떠난다

오랜 친구(용궐산)

봄을 품은 새벽 기차는
오랜 친구를 향해 달려간다

산과 산 사이 속살을 드러내며
굽이굽이 흐르는 섬진강 물줄기
세월이 남긴
우리 주름살 같다

우리의 꿈만큼 높은 바위산
숨을 고르듯, 천천히 돌아가라 말한다

바위틈에 피어난 이름 없는 풀
그 질긴 생명력은
젊은 날 우리의 아픔을 위로하고

소나무 잎에 부딪히는
시원한 산바람은
숨 가쁘게 살아온
세월의 먼지를 털어낸다

시인의 마음

어스름한 강기슭
홀로 석양을 낚는다
봄바람에 미끼 달고

제2부

여름
뜨거운 열정을 담은 감성 여행

여름은

여름은
작열하는 태양보다
더 숨 막히게 타오르나 봐요

여름은
바닷속 숨죽인 그리움보다
더 짙고 선명한가 봐요

여름은
말없이 흐르는 계곡 물소리보다
더 깊숙이 스며드는가 봐요

여름은
매미 울음보다
더 거칠게 사라지는 외침인가 봐요

여름은
별빛조차 잊게 만드는
반짝이는 사랑인가 봐요

초여름

붉게 물든 내 심장

더 뜨거워지면

젊은 그때처럼

무작정 떠날지도 몰라

소나기

빗방울이
한 방울, 또 한 방울 떨어지더니
이내 주르륵
마음을 적신다

파란 하늘에
먹구름이 스미고

태양은
비 내리는 풍경을
훔쳐보듯 비춘다

먼지가 쌓인 메마른 대지
욕심으로 무거워진 내 마음도
점점 세차지는 도랑 물길에
씻겨 나가고

노견과 나는
우산도 없이 천천히 걷는다

이 비가 그치면
더위가 다시 찾아오겠지

오늘 밤엔
빗소리에 등을 기대
하루를 내려놓고 싶다

물놀이

물방울에 가려진
주름진 얼굴 위
꿈결처럼 스며드는
엄마의 목소리
"밥 먹고 놀아라"

빗속 연주회

비와 매미의 합창
관객은 너와 나 둘뿐
우비가 어색해도
이 여름 함께 젖어 보자

세월 (1)

소나기 젖은 개울물처럼
하나 된 그림자
소리 없이 강으로 흐른다
등의 온기에 스며

난 그대의 연예인

뛰어!

몸을 흠뻑 적시는 물대포

한여름 밤을 찢어 버리는

2만 4천의 함성

화려한 불꽃 되어 밤하늘 찌른다

장마

잔잔하던 푸른 강물
흙탕물이 되어
빠르게 흐른다

똑똑 떨어지던 빗방울
그리운 어린 시절로 돌아가
동그란 원을 그리더니

주마등처럼
주룩주룩 쉼 없이 쏟아진다

초록 잎새들은
온몸을 떨며
빗물을 붙잡다 이내 놓고

잡초들은
기다렸다는 듯
춤을 추며 자란다

축축이 젖어 가는 여름
물안개에 숨어
비가 멈추길 기다린다

이 비 그치면
매미가 뜨겁게 울 것이다
잠 못 자도록

오랜 친구(송계계곡)

태양은
장맛비가 그치길 기다렸다는 듯
뜨겁게 얼굴을 내민다

월악산 어귀
졸졸 흐르던 작은 폭포는
차가운 계곡물과 만나
흰 포말 뿜으며
파도처럼 신나게 흐른다

햇살은 빽빽한 소나무 사이로
세월을 훔쳐보듯 비치고

계곡물 소리는
소나기처럼 커지고
풀벌레들은
찌르르 화음을 만든다

고기 굽는 냄새

아이들 웃음소리
모닥불 타오르는 여름밤

별들도 총총히 모여
서로 속삭인다.
흘러간 여름을 기억하듯

비상

소박한 행복이 번지는 곳
붉게 물든 석양을 따라
마음 비우고 솟으리

들숨과 날숨 사이

내뱉는 건지

삼키는 건지

눈 똑바로 뜨고 말해

사실대로

화단

처음 화단을 보았을 때
이름을 알 수 없는 꽃대들이
뒤엉켜 있었다

아파트를 떠나
낯설게 시작하는 전원생활
꽃대를 태우며,
불안한 설렘으로 새 생명을 기다렸다

부끄럽게 새봄을 알리는 작약
분홍 옷을 걸친 끈끈이대나물
아직 망울을 터트리지 못한 메리골드
작년에 심은 카네이션은 보이지 않는다

화단의 꽃을 보지 못한 채
하늘나라로 가신 어머니

지루한 장마가 지나고,
폭염 속 국화는

묵묵히 몸집을 키우고 있지만
카네이션 빈자리가 더욱 커 보인다

누가, 그 자리를 채울 수 있을까

능소화

활짝 핀 붉은 장미는
태양 아래
잎을 한 장, 또 한 장 벗겨내고

기억 속 그 여름의 장미도
더위와 함께
소리 없이 스러졌다

맑은 하늘 가까운
언덕 위
능소화는 흐드러지고

기적을 기다리는 마음,
시간이 멈추길 바라는
불효자의 기도였을까

다시 그 계절이 와서
살포시 피어난 주황빛 꽃
나팔 소리 되어

귓가에 조용히 울린다

매미 울던
그해 여름의 슬픔
능소화는 피어나
말없이 나를 안아 준다

한국사진문학, 2025 여름호

잃어버린 여름

2022년 여름
더운 줄 몰랐다.
매미 소리도 들리지 않았다

요양원 언덕길
능소화 꽃은 피어 있었고

어머니
떠나시던 날
비 온 기억밖에

통증

태풍이 지나간 후
물고기처럼 파닥이는
노견老犬의 심장 소리
내 가슴 어딘가, 저려 온다

제12회 한국사진문학 우수상, 2025 여름호

파도

어둠이 내려앉은 바다는
무서우리만치 고요하다

파도는
흰 포말을 흩뿌리며
청춘의 뺨을 스친다

벼랑에 걸터앉은 청춘
파도와 숨을 고르며
서로 묻는다

시란 무엇일까
삶은 또 무엇일까

밀려오는 물결에
흔들리는 마음을 다독인다

저 멀리 바다를 향해 외쳐도
돌아오는 건 메아리뿐

쌓여 가는 술병 곁으로
상념의 바다는 깊어만 간다

별처럼 일렁이는 파도
고요한 청춘의 가슴에 부딪혀
산산이 부서진다

한국사진문학, 2025 여름호

나의 사막

풀 한 포기 없는
모래사막인 줄 알았다
비도 안 오는 줄 알았다

낙타 타고
석양을 뚫고 가면
오아시스가 있을 줄 알았다

하늘은 높고
끝이 보이지 않는 길
그 너머엔
내 마음보다 더 넓은 바다가 펼쳐져 있다

사막의 한낮은
악마의 발톱*을 뜯으며 노니는
양 떼들처럼 평화롭고
모두가 잠든 깜깜한 밤
빈틈없이 반짝거리는 별들의
아름다움은 눈에 다 담을 수 없다

아주 옛날에는
밀림이었다던데
그 나무들은 이제 화석이 되어
물고기가 유영하는 연못을 지키며
버젓이 내 곁에 서 있다

친구들과 모래 바람맞으며
대수로를 점검하며 보낸 시간은
사막 한구석에 아기 화석이 되어
영원히 내 가슴속에 살아 숨 쉬고 있다

머나먼 타국의 그리움을
오아시스처럼 적셔 준 내 친구들
여전히 그 광활한 사막에 살고 있다

* 악마의 발톱: 아프리카 남부의 보츠와나, 나미비아 칼라하리 사막에서 자라는 모양이 기이한 발톱처럼 생긴 식물

야경

조명 빛에 묻힌

색 바랜 붉은 장미

별들도 숨죽인 밤하늘

달만 외로이 떠 있네

8월의 장미

5월의 장미보다

붉지는 않지만

향기는 더 진해요

인생 2막처럼

잉어의 소망

구름은 비늘을 흘리고
저무는 하루는 말없이 돌아선다
하늘엔 유영하는 물결 하나

해바라기

은은한 달빛 아래
곧게 선 해바라기
달의 속삭임에도
고개 한 번 주지 않는다

기댈 곳 없이
홀로 피어 겸손하게 살다
해님 가까워질수록
고개는 더 낮아진다

밤바람이 노란 잎을 흔들어도
나는
해님만 바라보는 꽃이고 싶다

누군가에게
빛이 되고 싶은 나는
해바라기

여행

가고 싶다
한 번도 가 보지 않은 곳으로

반복되는 하루에
설렘 한 스푼을 넣고
낯선 바람과 향기에
몸을 맡기고 싶다

익숙한 하늘과 땅 위에
이국의 빛을 칠하듯
그 너머를 걷고 싶다

혼자보다는
웃고 울어 줄 수 있는
사랑 가득한
가족과 함께라면 더 좋겠다

그렇게
흩날리지 않는 추억을

차곡차곡 쌓다 보면

어느 날
또 새로운 곳을 향해
떠날 것이다

해풍

여기까지 밀려왔네
잔뜩
그리움을 안고
바다 따라 이곳까지 왔네

삶의 껍질
아픈 조각처럼 흩어지고
비틀린 꽃잎 위로
이슬 굴리며
바람이 스쳐 가는 길

갈 길 없는 나그네 되어
잠시 멈춰 선다

해풍이 쓸고 간 자리
멀어질수록
짙어지는 그리움

매섭게 뒤따르는

아쉬운 몸짓들

한 마리 물새가 되어

나도 따라가련다

나그네

언제 돌아오려는가
떠난 길, 오래되었건만

지친 몸과 마음
이제 그만 쉬게나

고향의 흙냄새 맡으며

제6회 우리글 짧은시문학상, 2025 여름

착각

여기가 어딘가
느릿느릿 걸었는데
세상 끝까지 왔나 보다
이제 좀 쉬어야겠다
아무도 못 찾게

제3부

가을
짙은 그리움을 담은 감성 여행

가을은

가을은
첫사랑보다
더 설레나 봐요

가을은
나목裸木보다
더 쓸쓸한가 봐요

가을은
으스러지는 낙엽보다
더 아픈가 봐요

가을은
잊히는 그리움보다
더 외로운가 봐요

가을은
겨울 찾아
떠나는 사랑인가 봐요

가을 편지

밖을 내다봐도
무성한 여름의 아우성뿐
점점 지쳐 갈 때
도착한 찬바람 소식

은밀한 관계

주위 시선이 부담스러워

비스듬히 얼굴을 피한다

뿌리는 몰래 다가가고

처서

풀벌레 소리
어둠이 깊어질수록
귓가에 더 가까워지고
매미의 합창은 멀어져 간다

장맛비에 자란 잡초는
푸르름을 잃고
길가에 쓰러졌다

빨간 고추를 반짝이던 햇볕도
강바람 타고 멀어진다

새벽바람은
풀 내음을 품고
노랗게 익어 가는 벼를
살랑살랑 흔든다

나는 멈춰 있는데
여름은 또, 떠나간다

보라매

푸른 하늘을 향해
새벽은 달린다
은은한 등불 아래,
우렁찬 폭음
보라매˚ 눈동자는 하늘을 꿰뚫는다

상처 입은 육신의 아픔도,
텁텁한 태양의 열기도
보라매 거친 날갯짓에
등 돌리며 사라진다

자연의 순리가 아닌
신념을 품은 날개 아래
하늘은 가을을 달리고
모진 고통과
불볕더위를 뚫으며
계절의 바뀜 속에
보라매는
빛나는 눈물을 흘린다

행운의 신이여

보라매의 무운을 빌어 주오

북쪽 하늘을

자유롭게 날 수 있도록

* 보라매: 공군의 상징, 털갈이 안 한 어린 매

산책

노견老犬은 망보고

난, 갈바람에 나뒹구는 가을을 훔친다

가을이 나를 속였다

단풍 설렘 안고
무등산 중머리재로 향하던 길

초록 잎 사이
떨어진 낙엽을 보며
친구가 툭 던진 한마디
"가을이 나를 속였다"

한가로운 벤치에 앉아
산자락 너머를 바라보니
아기단풍이 발그레 손짓한다

가을은 지금
우리와 숨바꼭질 중이다

몸을 돌돌 말아
낙엽과 뒹굴며
잔조로운 억새 물결 속
숨은 가을을 찾는다

가을

(1)
그땐 몰랐었다
이렇게
고운 색을 숨기고 있었는지

그냥
눈길 안 주고
지나친 지난 계절

예쁘구나
설레는 색을 품고 있었구나

수줍은 너의 모습

흰 눈 오면
또다시
숨기려나

(2)
너무 높아
쳐다보지를 못했었네

너무 멀어
달려가지를 못했었네

두둥실
구름 타고
만나러 가야지

쓸쓸한 너의 뒷모습

흰 눈 오면
숨을 테니까

한국사진문학, 2024 가을호

텃밭 일기

새벽 햇살 아래
논바닥처럼 갈라진 발뒤꿈치로
비틀비틀, 장화를 신는다

밀짚모자 눌러쓰고
쪼그려 앉아 김을 매다
훌쩍 뛰는 개구리에
잠시 일손 멈추고
이마의 땀을 훔친다

땅속 지렁이는
흙을 기름지게 하고
알록달록한 어린 꽃뱀은
세상 모른 채 돌아다니다
고양이 발톱 아래
쓸쓸히 생을 마친다

해는 강 건너 산을
붉게 물들이며 기운다

텃밭에 뒹구는 삽자루
달빛 자장가에
깊은 잠에 빠지고

가을밤은 더욱 깊어지며
풀벌레 소리에 취한 나는
별빛의 눈길을 받는다

문학고을선집, 2024 제14호

주덕역

비 내리는 주덕역
철로 건너편 견사에서
컹컹 울던 개들 소리가
오늘은 들리지 않는다

다행이다
가슴 못 박힌 듯 불규칙하던
통증이 가라앉고
저녁 굴뚝 연기처럼
마음도 평온해진다

우산 위로 똑똑 떨어지는 빗방울
기차 도착을 알리는
시계 소리 같다

플랫폼엔
서로 다른 길을 살아온 사람들이
낙엽처럼
저마다 다른 모양으로 서 있다

무표정한 얼굴마다
비가 천천히 스며든다

가을 타는 냄새 속
지루하지 않은 기다림

기차 안엔
쾨쾨한 냄새가 맴돌고
수십 년 전
가슴 깊이 숨겨 둔
삶은 계란과 오징어 냄새가 떠오른다

주름진 얼굴엔
통기타를 중심으로 번지던
왁자지껄한 시간들이 겹쳐진다

기차는 추억을 가득 싣고
오랜 친구를 향해
천천히 달린다

먼 훗날, 또 오늘을 싣고

하얀 별

태평양을 건너
한반도에 내려앉은 한가위
어둠을 덮는 흰 꽃이 되리

가을에 빠지다

노란 국화에 포위당했다
가을비는 눈앞을 가리고
이 비가 그치면 풀어 주려나

소꿉친구

까막골 아랫동네 꼬맹이들
흙먼지 뒤집은 채 소꿉놀이를 합니다
가을걷이가 끝난 밭에서
누가 큰지 키 재기 하다가
힘자랑 레슬링을 합니다

코피를 훔치고
발목을 쩔뚝거리며
일어서기를 여러 번
고기 먹고 힘이 세지는 꿈을 꿉니다

수술하고 퇴원하는 아빠를 뒤로한 채
뒷동산 기슭 참호 속에서
위장僞裝한 얼굴로
전쟁놀이를 합니다
아군 적군이 누군지는 모릅니다

담배 냄새 가득한 할머니 방
꽁초 주워 어른 흉내 내며

화투 치는 꼬맹이들
화로 속 고구마는
엄마의 한숨처럼 새까맣게 타 버립니다

정월 대보름 밤
훔쳐 온 윗동네 아저씨 오곡밥
양동이에 나물과 비벼
꼬맹이들은
막걸리 찌꺼기와 함께
대청마루에 쓰러집니다
아저씨는 배고파 잠을 설칩니다

친구들 주름살에 꼬맹이가 살고 있다

문학고을 등단 시, 2024

재즈 바

서쪽 하늘 노을 아래
재즈의 선율이 흐른다

잔잔한 강물 위
무지개 조명이 깜박이는 무대

시커먼 사마귀는 색소폰
초록 여치는 피아노
갈색 귀뚜라미는 기타를 튕기며
우거진 숲의 가을을 연주한다

별빛 박자에 맞춰
유럽과 아프리카를 넘나들고
강아지와 고양이는 노래한다
달빛 품은 나무는 몸을 흔든다

와인잔에
위스키와 소주를 섞고
한 입 베어 문 초승달에

현을 켜니

막걸리 향기도 퍼진다

알록달록

취해 가는 재즈 바

애원

제발 나를 위해
'별이 진다네' 노래 틀어 줘
술잔에 별을 가득 담아
흠뻑 취해 버리게

한국사진문학 우수작품상, 2025

고독의 세월

되돌아갈 수 없는 길

세찬 비바람이 앞을 막아도

흰머리 날리며 묵묵히 나아가리

꽃 피는 봄을 향해

한국사진문학 우수작품상, 2025 봄호

갈대의 삶

휘몰아치는 겨울바람에도
쓰러지지 않았다

오히려
허공을 가르는 몸짓은
푸르던 시절보다 더 빛났다

서로 기대어 살아 낸 시간
대나무처럼
우뚝 서진 못해도
갈대는
유연하게 바람을 타는 법을 안다

작아지는 달 아래
욕심을 덜어내고
고개 숙인 벼처럼
마음을 조여 매며
꽃피우듯 버텨 온 날들

눈보라 휘감는 밤
갈 길 잃은 방랑자에게
이 몸짓을 내어 주리라

제1회 四季 AI 영상문학대상 우수상

10월의 꿈

강물이 구름을 삼킨 가을
주름진 꼬맹이는
나뭇가지 끝에 졸고 있는
잠자리 잡으러 살금살금 다가선다
두근거리는 파란 꿈을 안고

추수

시월 어느 날

알알이 맺힌 눈물 쏟으며 쓰러진다

뜨거운 여름, 잘 버티고

까치밥

지난겨울
정성이 부족했나
해걸이 중인 감나무

논길을 오가다 마주친 까치
눈인사 한번 나눈 적 없지만
푸른 하늘 아래
주황 감 하나 남겨 둔다

암상스러운* 바람에 떨어질까
앙상한 가지 사이
내 마음도 조심스레 걸어 둔다

흰 눈 오기 전엔 오겠지
따뜻한 소식 안고

* 암상스럽다: 남을 미워하고 샘을 잘 내는 데가 있다.

황혼의 부부

모두 떠나 버린 풍요의 시간

으스러져 가는 아픔에

불러 보는 노래 한 자락

촉촉한 눈가를 훔치며

사색

늦가을 밤 붉게 물들인

나목裸木에 걸린 詩 한 편

조각달에 띄워 보낸다

고백

해마다 커져 가는 사랑의 마음
혹여 들킬까 벽에 숨기고
담 넘어갈 때를 기다리는

수호신

여름엔 고추를
겨울엔 마늘을
휘이 휘이
변함없이 나를 지켜 주는

문학고을 등단 디카시, 2025

나목裸木

바람과 새가 어우러진
나뭇잎의 합주

뜨거운 햇볕
천둥과 번개 속에서도
옹골차게 품어 온 열매들

이제는
아낌없이 내어 주고
벌거벗은 몸

지저귀는 참새들
품에 안을 수 없지만

지나가는 나그네
슬픈 눈길 품어 주는
의자가 되리

제4부

겨울
차가운 시간 속 따스함을 품은 감성 여행

겨울은

오라고 하지 않았는데
불쑥 찾아온 겨울

기다리다
가을이 떠나면 와도 될 것을

잎이 다 떨어져
파란 하늘에 걸린 주황색 감
아직 까치의 소식은 없고

벌들은
국화꽃 향기에 취해
분주하게 날갯짓하네

길가의 나무는
초록이 선연한데
새벽 서리는
반짝이며 거미줄을 엮어내네

퇴색해 가는 이 세상
하얗게 덮일 때
나는 겨울을 맞이할 것이다

새봄이 올 때는
떠난다고 속삭여 주겠지

첫눈

가을 밤은 붉게 익어 가는데

소리 없이 오셨네

펄펄

까만 밤 하얗게 지새우며

낙엽과 첫눈

가로등 아래
빛바랜 낙엽이 쌓인다

다가오는 계절을 위해
자리를 비워 줘야 하는 운명

오늘
일찍 찾아온 첫눈이
하얗게 안아 주며 속삭인다

너의 자리를
내가 채워 줄게

잘 가
친구야

신선

구름을 타고 둥둥 떠다니다

상고대 유혹에 빠져

추락할 뻔했다

눈멍

땅도 하늘도

눈부셔 눈 둘 곳 없다

찬 허공에 포위된 채

영하 3도

영하 2도
교실 안은 꽁꽁 얼어
손이 시려 글씨가 잘 안 써진다

우리들의 겨울은
그렇게 시작됐다

영하 3도
난로 위 주전자는 펄펄 끓고
누룽지 타는 냄새에
도시락의 자리가 바뀐다

그런
우리들의 겨울은 참 포근했다

딸과 마주 앉아
추억의 도시락에
술잔을 기울이던 그날도
아마 영하 3도였으리라

숨바꼭질

무궁화 꽃이 피었습니다
눈꽃이 지고
봄꽃이 피면
내 꿈도 피어날까

방명록

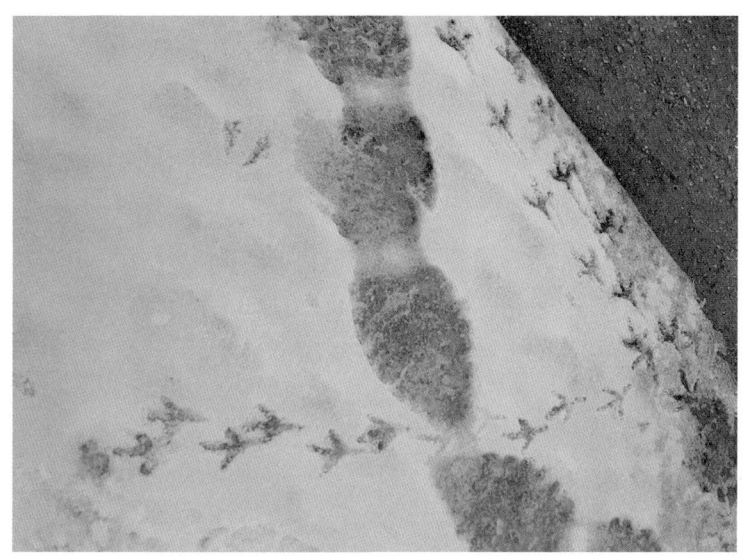

서로 만난 적 없이
흰 눈 위에 남긴 발자국
햇살이 스며 사라져도
그 자리는 기억한다
영원히

눈이 오면

눈이 펑펑 내리면
훌쩍 떠나
아무도 밟지 않은
하얀 눈밭을
뽀드득뽀드득 걸어가고 싶다

뒤돌아보며
내리는 눈이
발자국을 지울 때까지
바라보다 다시 걷는다

저 멀리 보이는
자그만 선술집에서
막걸리 한 잔 기울이며
눈 속에 시 한 편 숨긴다

되돌아가는
기차는 끊기고

눈 오는 밤

눈 오는 밤
조용히 눈을 감고
귀를 기울인다

소리 없이 찾아와
어둠과 어우러지는 풍경

눈사람이 되어
그저 바라본다

외로움도
그리움도
하얗게 덮이고
그 자리에 머문다

눈 오는 밤엔
별빛이 더 반짝이고
잠든 새들도 깨어나
함께 그 풍경을 바라본다

교감

눈빛만 봐도
무엇을 원하는지 아는 우리
눈송이만큼 쌓인 추억을
뜨거운 가슴에

인내

이 한 몸, 두 동강이 되어
축 늘어져도 서럽지 않아
너에게 해 줄 게 있다면
이 추운 계절 버티고 버틸게

문학고을 등단 디카시, 2025

부모의 마음

약한 모습 보이기 싫어
가슴속 깊이 감춰 둔 눈물
가끔은, 아주 가끔은
눈부신 날에 몰래 흘린다

한국사진문학 우수작품상, 2025 봄호

동심 (2)

찬바람 피해 처마 밑
고드름처럼 일렬로 늘어서
언 발 동동거리며
겨울이 지나기만을 기다립니다

조그만 소년의 터진 손과 붉은 얼굴
쓰라린 줄도 모르고
하얀 눈밭을 뛰노는 강아지를
헐떡이며 뒤쫓습니다

끼니를 거른 소년
어둠 내린 눈밭 구덩이에
꼬챙이를 이리저리 찔러
무로 배를 채우고, 잠을 청합니다

세월은 흘러
사방의 콘크리트에 부딪혀
길을 잃고 부서지는 바람은
그 시절, 강아지와 뛰놀던

소년을 기다립니다

이제 백발이 된 그는
쓰라리게 추웠던
그 겨울을 다시 꺼내어 봅니다

눈 속에 숨어 있던,
눈아嫩芽*처럼

* 눈아: 새로 나오는 싹

그해 겨울

외진 산자락의 학교
매일 언덕을 오르내린다

답답한 교복 후크를 풀고
창밖을 내다보노라면
턱 고인 팔을 툭 치듯
다람쥐 한 마리 휙
나무 위로 지나간다

농구를 하면 키가 클까
운동장에 흙먼지를 일으키며
우정을 쌓아 온 고교 친구들

겨울바람이 귓불을 스치던 새벽
밤새 화투 치고 끼니를 거른 채
장위동에서 길음시장 식당까지
걷다 뛰다를 반복한다

밤새 내린 눈이 얼까 걱정하며

만두를 빚어 놓은 친구 어머니

불 꺼진 허름한 식당
이불의 온기를 느끼며
말없이 만둣국을 먹는다

꽃이 피는 계절
그 만둣국을 다시 먹을 수 없었다
친구도 연락이 닿지 않았다

그해 겨울은 따뜻했었다

Merry x-mas

아기 예수 탄생과
산타가 우리에게 주는 선물은
아마 깨닫기 힘든 의미
그냥, 우리 인연에 감사하자

12월, 태우다

보내지 않아도
떠나갈 것을
보내려니, 마음 한켠에 남는 불꽃
재는 남겠지

세례를 받는 친구에게 바침

오랜 세월이 흘러
이제야
주님 앞에 섭니다

마음이 강하지 못해
거센 비바람에 흔들리며
길을 잃고
방황한 적도 있었습니다

삶의 기쁨과 고통 사이
지나온 겹겹의 세월을
돌이켜 보니
덧없는 이기적인 마음뿐이었나 봅니다

함박눈이 소복이 쌓이듯
조용히 마음을 비우고,
맑은 눈으로
세상을 바라보며
한 걸음 한 걸음

주님께 다가갑니다

흔들리지 않는 믿음과
겸손한 감사로
매일 기도드리며

영원히
주님을 사랑하고 따르며
빛처럼 맑은 삶을 살겠습니다

문학고을선집, 2024 제14호

忍

마음에
칼이 들어와도
참으라 하신 아버지 말씀

새벽 공기 마시며
또 다짐을 하건만

깊이
새기지 못했나 봅니다

아직도
화를 다스리지 못해
추위에 떠는 겨울밤

꿈속에서
아버지를 기다립니다

치유

거미줄처럼 얽힌 마음

태양 아래 서면

사르르 녹아내릴까

겨울을 보내며

찬 서리와 함께
불쑥 찾아오더니
말없이 떠나려 하네

밤새
소리 없이 내려
소복소복
온 세상을 하얗게 물들이고

한낮엔
다시 지워 버리는
얄미운 계절

가려거든
먼 옛날부터 꿈꾸어 온
먼지 하나 없는
백설의 세계를 바라는
순수한 마음들

그 마음

포근하게

한번

안아 주고

떠나시게나

고드름

찬바람과 햇볕이
처마 끝에 모여든다

넌 땅을 향해 자라고
난 하늘을 향해
발뒤꿈치 세워

너를, 만난다

제6회 우리글 짧은시문학상, 2025 여름호

가치

눈 쌓이면 얼까 봐
쓰러져 있던 나를
다시 일으켜 세워
갈 길을 알려 주고

도시 탈출

콘크리트 벽에
울림을 잃은 심장과
얽힌 두뇌를 버리고
흙냄새 풍기는 시골로 향한다

얼어붙은 강물 위
상처 입은 새 한 마리와
조심스레 건넌다

툭툭 떨어지는 겨울비
칼바람에 부딪혀
얼음 구슬 되어
커피잔 속으로 풍덩 떨어진다

석류빛 갈증을 토해내는 석양
심장은 다시 뛴다

호두를 망치로 내려친다
껍질은 산산이 부서지고

가지런한 속살이 드러난다

그 벽에 갇혀
듣지 못했던 소리
소복이 쌓인 눈밭을 뒹구는
노견의 숨소리에
두뇌는 다시 깨어난다

부러움

1983년, 재수 시절
젊음이 울려 퍼지던
버스 차창 밖 명동 밤거리

그때 부럽던 그 순간이
지금은 더 부럽다

제6회 우리글 짧은시문학상, 2025 여름호

제5부

그때, 그 마음
삶의 단면들을 마주하는 감성 여행

선택적 비애

달동네를 벗어나러
사막을 택했다

리비아 대수로공사
땅속 물길을 따라
다국적 일꾼들이
옥토를 만든다

몇 년째 휴가를 잊은 방글라 친구
가족들은 윤택한 삶을 자랑하는
그 몸짓에 눈물이 비친다

늙어 가는 필리핀 기술자
모욕 앞에서도
눈만 껌벅이며 고개를 숙인다

햇볕에 피부는 타들고
석회물에 치아는 썩는다
사막은 술도

돼지고기도 주지 않았다

우리는
어쩔 수 없는 선택 속에
점점 서로를 닮아 간다

밤이면
펑펑 울고 싶고
새벽이면
짐 진 낙타처럼 일어나
모래 속 화석을 찾아 걷는다
사막 여우는
흘깃, 지나간다

달동네 하늘 위
비행기를 보며
눈물 훔치던 어머니

젊은 그때
그건 탈출이었다

문학고을선집, 2024 제16호

하루

매일 둥지를 태우는 불사조

한국사진문학 우수작품상, 2025 봄호

세월 (2)

십 년이면 강산도 변한다는데

옛 모습 그대로

날 기다리고 있었구나

문 열어 놓고

칼

내 마음 깊은 곳에
칼 하나 숨어 있다

누군가의 칼이
내 마음을 찌르면
그 칼은 방패가 된다

칼과 칼이 부딪히면
상처만 남으니

오늘도 나는
방패를 갈고닦는다

한국사진문학, 2025 여름호

대물림

몸은 늙어 가지만
자식 기다리는 마음은 늙지 않는다
영원히

공대생의 詩

책상 위 뒹구는
내 詩를 보고 반색하는 친구
너 詩 쓸 줄 아냐?
군대 있을 때
후임이 詩人이라 조금 배웠어

다음날 친구는 자작詩를 보여 준다
"우리 옆집 점박이가
이서방네 삼대 독자의
정강이를 물었다고…
(중략)
맞아 죽었다"

군대 후임 詩人이
가급적이면 은, 는, 이, 가를 쓰지 말라고 했어
정갈하게 써 봐

물론, 이해하지만
詩는 자연스럽게 써야 해

넌 너무 함축해서
행과 연이 잘 연결 안 될 때가 있고
애환이 없어

詩를 배운 적 없는 우리는
술만 마시면 똑같은 대화
수없이 반복하면서
밤을 새웠다

수학 공식처럼
공대생의 詩는 변하지 않았다

詩는
우리의 삶, 그 자체였을까

무한 경쟁 사회에 살아남기 위해
詩는 사치인 줄 알고
가슴속에 묻은 지 어느새 35년

그 옛날 허름한 선술집에서
목소리 높여
詩 논쟁을 하던 그 시절이 그립다

세사기일국 世事棋一局

가로세로 열아홉 줄
361칸 바둑판 위
흑과 백은
한 번씩 두어 가며
전쟁을 이어 간다

눈앞의 이익에만 집착하면
더 큰 집을 내준다

미생으로 덤벼들거나
상대를 얕보면
모두를 잃는다

기세가 유리하면
싸움을 멈추고
내실을 다지는 지혜
그 또한 수手다

감정을 절제하고

상대를 존중하는 일은
세상사와 큰 다름이 없다

알파고는
그걸 알까?

나에게 넌

한 말 하고 또 하고
나를 몰라봐도 괜찮아
그냥 늘 곁에 있다면

혼술

술과 나는
은밀한 비밀이 생겼다

하나, 둘 쌓여 갈수록
세상이
조금씩 아름다워졌다

제6회 우리글 짧은시문학상, 2025 여름호

삶

하늘과 땅 사이에
혼자는 외로워
누군가에게 기대며
살아가는 우리

슬픔에 눈물 흘리고
기쁨에 웃음 지으며
인생의 언덕을 넘는
서툰 존재지만

우주의 작은 별, 지구에서
자연과 함께
고단함을 견디며
희망을 품고 살아간다

그것은
시가 되고
노래가 되고
한 잔의 술이 되어

푸른 별을

더 아름답게 빛내며

우주를

조용히 여행한다

다락방

일어서고 싶어도
지붕이 낮아
설 수 없다

여전히
옛 소식을 품은
곰팡이 핀 신문지 벽지

작은 창 밖
드넓은 하늘 너머
닿지 못할 큰 세상이 떠 있다

천장은
하늘로 통하는 길일지도

쥐들이
천장을 두드리고
다른 소리는
들리지 않는 곳

나는
일어설 수 없어
내려가지 않는다

편히 쉬런다

無

(1)
별들만
반짝이는
깜깜한 밤

지구별이
태어나기 전
무엇이 있었을까

無

소년은
두려움을 안고
새벽을 기다린다

(2)
붉은빛을 품고
떠오르는 태양

아침 이슬
투명히 빛나고

만물은
숨을 쉰다

백발이 된 소년
이제는
밤하늘이 두렵지 않다

내리막길

올라갈 땐
정상만 바라보며
빠른 길만 찾았다

이제 젖은 낙엽 밟으며
천천히 내려가는데
시간은 더 빨리 흐른다

시선

푸르른 청춘, 후회 없다

한 발짝 물러서니

작아진 등은 빛나고

단짝

서로 다르게 태어났지만
셀 수 없는 연의 한 자락 되어
함께 쉰다, 너와 나

참새 시리즈

문득 하늘을 보니
어린 시절 웃음이 걸려 있다
포수는 보이지 않고

머쓱한 재회

다시 만난 반가움에

소리 내어 다가섰더니

흠칫, 달아나는 너

다음엔 기억해줘

친구야

설렘 (2)

어린 시절, 고향의 꿈별

젊은 시절, 리비아의 희망별

세월의 흔적 없는 별빛 아래

새롭게 피어나는 세포들

해 지는 바닷가

40여 년 묻힌 노래

서해 물결에 실어 부른다

흘러간 청춘은 파도처럼 밀려와

눈물을 가리고

천국

저 하늘에 닿을 수 있을까?
천 개의 바람 소리와
만 개의 그리움
그리고, 단칸방의 추억까지

한국사진문학 우수작품상, 2025 봄호

달동네

힘든 하루 끝
달빛을 따라
한 걸음, 또 한 걸음
구불구불 이어진 계단을 오른다

기운 가로등
허술한 담장 틈으로
불빛은 흔들리고
달빛은 산꼭대기에서
길을 잃는다

달동네 아래
도시의 불빛들도
서서히 꺼져 간다

비좁은 단칸방
어머니의 코 고는 숨결
아버지의 뒤척이는 그림자

짙은 어둠 속

옆집 무당이 신을 부르는 밤

무서워 잠을 이루지 못하고

갈 길 잃은 청춘의 낙서는

시가 되어 간다

이젠 사라진 계단

오직 달빛만이

그 아픔을 어루만진다

도전

대학 시절
개인 시집의 꿈
40여 년이 흐른 지금
가슴으로 쓰는 나의 이야기
꿈을 향해 한 발짝 앞으로

가면

자존심이
허락하지 않아
가면을 쓰고
방황하던 젊은 시절

내가 아닌
타인으로 비춰질 때
겹겹이 쌓인 위선을
벗어내고자 했다

청춘의 아픔도
사랑도 사치였기에

잠시
각박한 세상을 떠나며
멋쩍은 미소를 지었다

나를 찾으면
돌아올 것이라며

詩

詩를 다시 쓴다
가슴속에 감추어 온
수십 년의 세월을 꺼낸다

생의 페이지가
누렇게 바래져 가던 어느 날
나무 그늘에 서서

바람이 툭 던지는 소리와
태양과 지구가 그린 풍경에
내 가슴을 열었다

굽이굽이 쌓인 삶의 무게를
詩에 얹어 초개草芥처럼 날리고

자연이 내민 선물을
겸손히 받아
비워진 칸마다
차곡차곡 채워 가야겠다

방황

화려한 불빛을 건너

어둠 속에서 발길을 잃었다

동트는 줄도 모르고

제6부

마음의 계절
시인의 철학과 꿈을 따라가는 감성 여행

어머니와 재봉틀

배운 적 없이
손재주 하나로
삼 남매를 키우신 어머니
이제는
수선할 수 없는 마음 하나

어머니 일생

곱디고운 손

자식들 금빛 꿈을 위해

거칠게 닳아 간 세월

이제는 잡을 수 없는 손

친구

험한 세상, 함께 버텨 낸 우리는
정치도, 종교도
굳이 말하지 않는다

술잔을 부딪힐 때마다
"죽어도 좋아"를 외치는 우리는
오랜 친구

제6회 우리글 짧은시문학상, 2025 여름호

잃어버린 밤

깜깜한 길에
가로등이 생겼다
잠 못 드는 풀의 뒤척임은
찬 허공마저 깨우고

분단의 꿈

철조망 사이로 얽힌 마음

먼지가 되어 허공을 가른다

아직 닿지 못한, 파란 나라 찾아

오늘도

오늘도
다람쥐 쳇바퀴처럼
도는 일상이지만

계절은 바뀌고
만물은
다시 숨을 쉰다

창밖 세상은
혼란한 무질서 속
끝없이 다투지만

오늘도 나는
은은한 달빛에 기대어
작은 감사를 전한다

평행선

좁혀지지 않는 너와 나
돌멩이처럼 쌓인 오해
구름 끝 어두운 터널에 던지고

더하기

1 + 1 = 2

회사는
1 + 1 = 3 이 되도록
일하라 한다

나는
그냥 1이 되고 싶다

제6회 우리글 짧은시문학상, 2025 여름호

항아리

눈보라가 휘몰아치고
비바람이 세차게 몰아쳐도
장독대를 지키는
배불뚝이 항아리

세상은
화려하게
변해 가는데

거친 피부에
후덕스러운 마음으로
수십 년을 담아 낸
할머니 손맛

장맛보다 더 진한 정을
아낌없이 내어 주는
배불뚝이 항아리

나도 배불뚝이다

오늘

서툴고
어리석은 어제는
오늘을 바라보고

모두 떠나간
헛헛한 내일은
오늘을 후회하고 있다

오늘은
겸손하게
머무는 날이다

문학고을 등단 시, 2024

상처

강한 척하다가 들켜 버렸다

괜찮다는 위로마저

흉터 되어 남아 있다

화장으로 가릴 수 있을까

안개 (1)

저 멀리
강이 사라졌다
산이 사라졌다

조심조심 가다 보니
선명鮮明하게 다가서는
너의 모습

안개 걷히면
또 안 보일까 봐
잊힐까 봐
가던 길을 멈춘다

문학고을 등단 시, 2024

안개 (2)

안개구름이
산허리를 감싸 안고
그 위로 한 마리 새가 날아오른다

저 안개 속은
하늘에서 내려온
거인들의 왕국일까

사방을 덮은
짙은 안개 속
자유로운 새도
머물다 돌아서는 허공

더 높은 곳에서 내려다보아도
그 모습은 보이지 않는다

비밀의 왕국은
그토록 눈부신 것들도 숨기는 걸까
안개 걷히기만을 기다린다

시인의 마음

상상의 세계가 다른
나와 다른
시인의 마음

저 먼 우주에서
새로운 세상을 꿈꾸는 걸까

살아온 경험이 달라서
너무 좁은 공간에
나를 가둔 건 아닐까
시인의 마음에
아직 닿지 못한다

이제라도
우주선을 타고
깜깜한 밤
시인이 사는 마을로
조용히 떠나야겠다

공空

언젠가 다시 돌아왔건만
이젠 영영 떠났다
눈물방울로 그리는
허공에 맺힌 그림자

쉬리

먹이를 향한

거침없는 유영

머뭇거림 없이 뛰어드는

내 삶과 닮았다

길을 찾아

어린 시절 바라본
밤하늘은 넓고, 깊었다

밝은 곳보다 어두운 곳을
넓은 길보다 좁은 길을
기꺼이 헤매던 젊은 날들

어느 날, 절벽을 만나
잠시 숨을 고르고
새로운 길을 찾아 나섰다

잠 못 드는 밤이 지나면
새벽이 오듯
시간은 그렇게 흘렀다

하늘길은
지중해와 사하라 사막을 잇고

나는 자연으로

도시의 소음을 이기려
커져 가는 곤충 소리처럼
가꾸지 않은 모습 그대로

태양을 따라
또 하나의 길을 걷는다

뉴턴의 제2법칙

F(힘) = ma(질량×가속도)

체중이 많이 나가면 힘이 좋고
힘이 좋으면 거리가 많이 나가야 하거늘

왜? 골프 비거리는
가냘픈 여자보다 적게 나가지?

오히려 어깨 힘을 빼야
어느 한쪽으로 회전하지 않고
똑바로 멀리 간다는 사실을 모르는지

아직도
욕심부리고
어깨 힘을 못 빼고 있는 인생 백돌이^{*}

* 백돌이: 골프 초보자를 말하는 골프 은어(100타 이상 넘어가는 골퍼)

삶의 공식

피타고라스 공식은

$a^2 + b^2 = c^2$

삶의 공식은

사랑^2 + 기쁨^2 = 행복^2

사랑에 기쁨을 더하면

행복은 무한대다

컬리와 당근

16살 설이*
마음의 준비할 틈도 없이
심장마비로 무지개다리를 건넜다

수년이 지난 뒤
설이가 환생한 듯 찾아온 컬리*
첫 만남부터 환히 웃으며
재롱을 부린다

비 오는 어느 밤
새끼 고양이 울음소리가 들리고
햇살 좋은 늦가을 한낮에
내 앞에 나타난 당근*

허겁지겁 먹이를 먹고
다리를 비비며
내 곁을 떠나질 않았다

밤에는 추울까 봐

집 안으로 데려왔더니
애교 담당 막내가 되었다

누가
개와 고양이는 상극이라고 했던가

둘도 없는 친구가 된
컬리와 당근

조용한 산사의
풍경소리처럼
맑은 천사들

* 설이: 말티즈

* 컬리: 미니비숑

* 당근: 치즈냥이

사랑

잘 키워 준 고마움
더 못해 준 아쉬움
말로 다 전하지 못한 마음
맞잡은 두 손에 가득 담아

애모

수줍게 기다리다
어둠이 내리면
점점 커지는 숨겨진 마음

댕댕이 마음

내게 소중한 것들
너에게 줄 수 있다면
햇살 좋은 날
그 마음 널어 본다

낙관

치열한 삶에 묻혀

잊고 지냈던 이름

유연하게 다시 태어났다

삶의 무게를 찍는다

시인의 꿈夢

어스름한 달밤
강가 나루터에서
돛단배 타고 바다로 가는
꿈을 꾸었다

돛단배에
다양한 삶을 살아온 시인들이
한 명 한 명 조심스럽게 타고 있었다

시인들은 말없이
돛단배가 거센 태풍에 맞서
드넓은 미지의 바다에 닿기를
간절히 바라고 있었다

그들의 눈동자는 등대보다 더 반짝거렸다

그 옛날
당구 처음 배울 때
당구 치는 꿈 꾸더니

금연 중일 때
담배 피우는 꿈 꾸더니

이제
시인들과 함께하는 꿈을 꾸니

나도
시를 사랑하나 보다
삶을 사랑하나 보다

인생은 봄꽃보다 더 예쁘다

ⓒ 정동혁, 2025

초판 1쇄 발행 2025년 10월 28일

지은이	정동혁
펴낸이	이기봉
편집	좋은땅 편집팀
펴낸곳	도서출판 좋은땅
주소	서울특별시 마포구 양화로12길 26 지월드빌딩 (서교동 395-7)
전화	02)374-8616~7
팩스	02)374-8614
이메일	gworldbook@naver.com
홈페이지	www.g-world.co.kr

ISBN 979-11-388-4844-2 (03810)

- 가격은 뒤표지에 있습니다.
- 이 책은 저작권법에 의하여 보호를 받는 저작물이므로 무단 전재와 복제를 금합니다.
- 파본은 구입하신 서점에서 교환해 드립니다.